COLLECTION DE M. MARIO

CATALOGUE

DE

DESSINS

ANCIENS ET MODERNES

ESTAMPES

PROVENANT DES PLUS CÉLÈBRES CABINETS

TABLEAUX DES DIVERSES ÉCOLES

DONT UN TRÈS-BEAU PORTRAIT DE GREUZE

Autographe de Jean-Jacques ROUSSEAU et AUTRES

DONT LA VENTE AUX ENCHÈRES PUBLIQUES AURA LIEU

HOTEL DROUOT, SALLE N° 4

Les Mercredi 19, Jeudi 20, Vendredi 21 & Samedi 22 Juin 1867

A UNE HEURE ET DEMIE

Par le ministère de Me **PHILIPPE LECHAT**, Commissaire-Priseur,
rue Saint-Lazare, 64,

Assisté de M. **MILHÈS**, rue Clausel, 21,

Chez lesquels se distribue le présent Catalogue, à partir du 10 Juin 1867.

EXPOSITION PUBLIQUE

Le Mardi 18 Juin 1867, de deux heures à cinq heures.

PARIS — 1867

COLLECTION DE M. MARIO

CATALOGUE

DE

DESSINS

ANCIENS ET MODERNES

ESTAMPES

PROVENANT DES PLUS CÉLÈBRES CABINETS

TABLEAUX DES DIVERSES ÉCOLES

DONT UN TRÈS-BEAU PORTRAIT DE GREUZE

Autographe de Jean-Jacques ROUSSEAU et AUTRES

DONT LA VENTE AUX ENCHÈRES PUBLIQUES AURA LIEU

HOTEL DROUOT, SALLE N° 4

Les Mercredi 19, Jeudi 20, Vendredi 21 & Samedi 22 Juin 1867

A UNE HEURE ET DEMIE

Par le ministère de Mᵉ **PHILIPPE LECHAT,** Commissaire-Priseur,
rue Saint-Lazare, 64,

Assisté de M. **MILHÈS**, rue Clausel, 21,

Chez lesquels se distribue le présent Catalogue, à partir du 10 Juin 1867.

EXPOSITION PUBLIQUE

Le MARDI 18 Juin 1867, de deux heures à cinq heures.

PARIS — 1867

CONDITIONS DE LA VENTE

Elle sera faite au comptant.

Les Acquéreurs paieront CINQ POUR CENT en sus du prix d'adjudication.

L'Exposition mettant les Acquéreurs à même de se rendre compte de l'état des Objets, il ne sera reçu aucune réclamation une fois l'adjudication prononcée.

———

On commencera par les **Dessins**, en suivant l'ordre du Catalogue.

———

L'Expert se réserve la faculté de diviser les numéros.

———

Les **Tableaux**, **Gravures** et **Autographes** seront vendus le dernier jour de la Vente, *22 juin*.

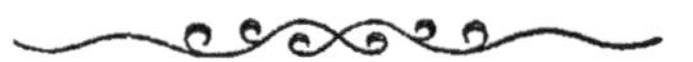

ESTAMPES

ALBERTI (Chérubin)

1 — Vase d'après Polydore, les trois Grâces, etc.
Dix pièces.

ALDEGREVER (Henri)

2 — Les travaux d'Hercule.
Douze pièces.

3 — Titus Manlius, Gaîne.
Deux pièces.

4 — Adam et Ève, les Vertus, Vénus et l'Amour, etc.
Dix-huit pièces.

ALTDORFER (A.).

5 — La Fortune. Belle épreuve.

ANONYME

6 — Portrait de Marie Stuart. Rare.

BARTOLOZZI

7 — Compositions d'après Cipriani et autres.
Soixante-quinze pièces.

BELLA (Della)

8 — Pièces sur la mort, jeu de dés, costumes, paysage. etc.

Soixante-sept pièces.

BEHAM (H.-S.).

9 — Les Travaux d'Hercule, suite de 12 estampes. Belles épreuves, plusieurs sont mal conservées.

10 — Les Connaissances de Dieu. Belles épreuves.

Huit pièces.

11 — Le Satyre jouant de la lyre, vignette à l'aigle, les deux Bouffons, le Bouffon et les deux Femmes, la Patience, ornement de broderie.

Six pièces.

12 — L'Impossible, retour de l'Enfant prodigue, combat de Paysans, etc.

Treize pièces.

BINCK (Jacques)

13 — Le Joueur de cornemuse, rinceau d'ornements. Saturne et autres.

Sept pièces.

BONASONE (J.).

14 — Portrait de Michel-Ange, Vierge sur les nues. Jésus-Christ remettant les clefs à saint Pierre, etc.

Cinq pièces.

BOSSE (Abraham).

15 — Le Bal. Belle épreuve.

BOSSE (ABRAHAM)

16 — Les quatre Éléments, buste de Louis XIII.

Cinq pièces. Belles épreuves.

17 — Les Vœux du roi et de la reine à la Vierge, Préparation du Soldat chrétien au combat spirituel, la Réduction de la ville de Mantoue, Levée du siége de Cazal.

Quatre pièces.

18 — L'Enfant prodigue en débauche, Retour de l'Enfant prodigue, le Cordonnier.

Trois pièces. Belles épreuves.

19 — La Pucelle, d'après Ch. Vignon.

Douze pièces.

20 — L'Enfance visite les prisonniers, la Pucelle, d'après Ch. Vignon.

Douze pièces.

BOYVIN (RÉMI)

21 — Plafond, d'après le Primatice.

BREUGHEL (D'après)

22 — Sujets allégoriques, gravés par G. Cook.

Vingt-trois pièces.

BRUYN (D'après de N. DE)

23 — L'Adoration des Mages, le Massacre des Innocents. la Transfiguration et autres.

Quatorze pièces.

BRY (Th. de)

24 — La Fontaine de Jouvence. Belle épreuve.

25 — Deux Fonds de coupe, le Triomphe du Christ,
Portrait, etc.

Huit pièces.

BURGMAUR (Ham)

26 — Char triomphal de l'empereur Maximilien.

Cent trois planches.

CALLOT (Par et d'après)

27 — La Foire de Florence, les Balles, le Jubilé, la No-
blesse, les Gueux, etc.

Soixante-neuf pièces.

CARRACHE (Augustin)

28 — Enée sauvant son père, Mercure et les Grâces,
pièces lascives, etc.

Dix-huit pièces.

CARRACHE ET AUTRES

29 — Seize Pièces gravées sur bois.

DAVID

30 — La Coquette, par J. de Gheip, les quatre Parties du
monde, les cinq Sens, par Dankerts, sujets allégoriques, pièces et costumes.

Vingt-trois pièces.

DELAULNE (Étienne)

31 — Ornements d'agrafes.

Treize pièces.

32 — Sujets de la Bible et autres.

Vingt-deux pièces.

DELFT (W.)

33 — Florent comte de Culemborch, Catherine comtesse de Culemborch.

Deux pièces.

DESNOYERS (A.-B.)

34 — La Vierge d'Albe, d'après Raphaël; Bélisaire, d'après Gérard.

Deux pièces.

DIETRICHY (Chr.)

35 — Paysage.

Quatre pièces.

DURER (Albert)

36 — La Passion de Jésus-Christ.

Douze pièces. Six sont très-belles épreuves.

37 — La grande Fortune. Deux épreuves.

38 — L'Homme de douleurs aux bras étendus, la Vierge au linge, Sainte Geneviève, la Sorcière, la Dame à cheval, Apollon et Diane, le Paysan du marché, les Offres d'amour, le Grand cheval, etc.

Onze pièces.

DURER (ALBERT)

39 — Seize Pièces copies.

40 — Treize pièces gravées sur bois, sujets de la Passion. de la vie de la Vierge, etc.

FONTAINEBLEAU (École de)

41 — Diane et Actéon, Nymphes au bain, Jugement de Pâris. Bucéphale, etc. Par Léon Daven et autres.

Six pièces.

42 — Eaux-fortes italiennes, par Caproni. Ricci, Cantarini, etc.

Dix-sept pièces.

ÉCOLE ITALIENNE

43 — Ghin, Ruggieri, Titien, etc.
Douze pièces.

ÉCOLE FRANÇAISE (XVIIIᵉ SIÈCLE)

44 — Histoire de l'Enfant prodigue, d'après Leclerc; le Contre-temps, d'après Lavreince ; Sa taille est ravissante, d'après Baudoin, etc.
Onze pièces.

EDELINCK, DREVET, ETC.

45 — Mansart, Maria Serre, Marie Leckzinska. Marie de Médicis, etc.
Neuf pièces.

FELSING

46 — Sainte Catherine enlevée au ciel, d'après Mücke.
Belle épreuve.

FORSTER (F.)

47 — Raphaël à l'âge de quinze ans; Michel-Ange, par
François; Jeanne d'Arc, par Lefèvre; Vénus et les
Amours, par Guérin.
Quatre pièces.

GELÉE (Claude)

48 — Le Chevrier. Belle épreuve.

GOLTZIUS (H.)

49 — Le Christ mort sur les genoux de la Vierge, d'après
A. Durer. Belle épreuve. Portrait de Lafaille. Belle
épreuve.

50 — La Passion de Jésus-Christ, suite de douze pièces.
Belles épreuves.

51 — Le Porte-hallebarde. Belle épreuve.
Deux pièces.

52 — Hercule debout. Belle épreuve.

53 — L'Assemblée de Dieu, d'après Spranger; Assemblée
de nobles vénitiens; Hercule tuant Cacus.
Quatre pièces.

54 — Sujets de Sainteté et de Mythologie, etc.
Vingt-deux pièces.

GOLTZIUS (École de)

55 — Costumes militaires, sujets mythologiques, portraits par J. de Gheyn, Muller, etc.

Vingt-trois pièces.

GOLTZIUS (D'après)

56 — Sujets Mythologiques, par Saenredam.

Huit pièces.

GRAVELOT (D'après)

57 — Planches, gravées d'après plusieurs positions dans lesquelles doivent se trouver les soldats, conformément à l'ordonnance du roi, du 1er janvier 1766.

Trente-quatre pièces.

HOLLAR (W.)

58 — Les Saisons, Cérès, têtes de Femmes, etc.

Quinze pièces.

HOPFER (Les)

59 — Ornements, Alphabet, etc.

Neuf pièces.

HOOGHE (Romain de)

60 — Figures pour les Contes de la reine de Navarre, Allégorie sur la mort, Vue de Venise, par Canaletti.

Cinquante-deux pièces.

HURET (D'après)

61 — Les Arts libéraux, les quatre Parties du monde, etc.

Vingt-trois pièces.

LASINIO

62 — Peintures du Campo-Santo de Pise.

Trente pièces.

LEYDE (Lucas de)

63 — Le Baptême du Christ, Vénus et les Amours, le
Chirurgien, le poète Virgile, Esther et Assuérus, etc.

Douze pièces.

MANTÉGNA (And.)

64 — Bacchanale à la cuve; l'Homme attaché à un arbre,
par Robetta.

Trois pièces.

MAITRE AU DÉ

65 — Le Combat des Lapithes, histoire d'Apollon et
Daphné, Enée sauvant son père, les Tapisseries du
Pape, etc.

Quatorze pièces.

MELDOLA

66 — Sept Pièces, d'après le Parmesan.

MORGHEN (R.), MERCURI ET AUTRES

67 — Les Moissonneurs, Mater Dolorosa, Ste-Cécile, etc.
Huit pièces.

NANTEUIL (R.)

68 — Guébriant, Marin Cureau de la Chambre, Chapelain, Caletenau St-Brisson, de Nesmond, Sarrazin. Michel de Marolles, etc. Belles épreuves.

Dix pièces.

ORNEMENTS

69 — Sujets d'orfèvrerie, par D. Mignot, J. Amman. J. Sichem, etc.

Dix pièces.

PETITS MAITRES ALLEMANDS

70 — G. Penitz, V. Solis, Et. Delaulne, Lantenjack. etc.
Trente-sept pièces.

RAIMONDI (Marc-Antoine)

71 — La Madeleine aux pieds du Christ, Apollon. Notre-Dame à l'escalier, fragment de la Bacchanale.
Quatre pièces.

MARC-ANTOINE (École de)

72 — Massacre des Innocents, Descente de Croix, Jugement de Pâris, etc.
Quinze pièces.

RAPHAEL (D'après)

73 — L'École d'Athènes, Dispute du Saint-Sacrement, le Parnasse, l'Incendie du Bourg; la Prison de saint Pierre, par Volpate; la Messe, par Morghen.

Six pièces, anciennes épreuves.

RAVENNES (MARC DE)

74 — Angélique et Médor, Vénus sur la mer, le Massacre des Innocents, les Trois Grâces, etc.

Onze pièces.

REMBRANDT

75 — Vierge et enfant Jésus, Saint Jérome mendiant, le Joueur de cartes, le Berger et sa famille, etc.

Sept pièces, belles épreuves.

76 — Mendiants, Portraits, Sujets religieux, etc.

Quatorze pièces.

RUBENS (D'après)

77 — L'Annonciation, Silène, le Retour du marché, le Roi boit, d'après Jordaens.

Quatre pièces.

SADELER (Les)

78 — Portraits, Allégories, etc.

Sept pièces.

SAINT-JEAN (D'après)

79 — Femme de qualité en deshabillé pour le bain, Femme de qualité reposant sur un lit d'ange.

SALVATOR ROSA

80 — Sujets militaires et mythologiques.

Trente pièces.

SOLIS (Virgilius)

81 — Vases, Orfèvrerie.

Quatre pièces, belles épreuves.

STRANGE (R.)

82 — Sapho, d'après Carlo Dolci; la Première amitié.
d'après le Parmesan.

Deux pièces.

VÉNITIEN (Augustin)

83 — Cléopâtre et femme assise près d'un vase.

Deux pièces. Belles épreuves.

VICO (Énéas)

84 — Vulcain et ses cyclopes, Tarquin et Lucrèce. l'Ar-
mée de Charles V, Vase d'après Polydore, etc.

Douze pièces.

VISCHER (C.)

85 — Buste de Femme, d'après le Parmesan; Jupiter et
Antiope, par Soutman; le Festin des Dieux, d'après
Rubens et autres.

Quatorze pièces.

WIERIX (LES)

86 — Claude, Aquaviva, Albert d'Autriche, Sujets religieux et mythologiques.

Vingt pièces.

ZOBEL

87 — Portraits de Mario, Gardoni, Lablache et Costa.

Quatre pièces.

PORTRAITS ÉTRANGERS

88 — Supplice des frères de Witt, Jenner, Anne de Clèves, Machiavel, etc.

Onze pièces.

DIVERS

89 — Costumes d'hommes et femmes, Scènes de mœurs, etc.

Cent vingt-huit pièces.

90 — Photographies, d'après les dessins des grands Maîtres, publiées par Bardi.

Quarante planches.

91 — Recueil de la Faïence française, dite de Henri II et Diane de Poitiers, dessinées par Carle Delange, in-fol. en livraisons.

92 — Monographie de l'œuvre de B. de Lalipy, par Carle Delange et Bonnemain.

Quarante et une planches et texte.

DIVERS

93 — Tableau de l'honneur ou abrégé méthodique de la science du blason, par Chevillard.

94 — Duo dans le Silvain, autographe de J.-J. Rousseau.

95 — Recueil d'un grand nombre d'autographes sur parchemin, plusieurs avec des sceaux.

96 — Sous ce numéro seront vendus par lots grand nombre d'Estampes, de Portraits, environ mille pièces. volumes de papiers, atlas, cartons, etc.

DESSINS

LE CHEVALIER D'ARPINO

97 — Sujets et Croquis.

Sept dessins crayon et sépia.

BADOLOCCI

98 — Sujets religieux. Étude.

Deux dessins plume et sépia, marque de Vienne.

D. BAILLY

99 — Portraits de Pinas et de J. Brauwer.

Deux dessins à la plume et sépia.

BARTOLOMÉO

100 — Sujet et Études.

Trois dessins aux crayons noir et rouge.

BASSAN

101 — Portrait d'Homme, Sujet, Études.

Onze dessins aux trois crayons et sépia.

P. BATTONI

102 — Portrait et Études.

Sept dessins crayon, plume et sépia.

BAROCHE

103 — Sujets religieux. Tête d'Étude.

Vingt dessins au pastel, crayon et sépia.
Collection Lely, Somers, et de Vries.

E. DE BEAUMONT

104 — Scène enfantine.

Aquarelle et mine de plomb.

S. DELLA BELLA

105 — Sujets, Combats. Paysages.

Seize dessins à la plume et sépia, la plupart sur vélin.

BERGHEM

106 — Allégorie sur l'Amérique.

Dessin encre de Chine.

BERGHEM

107 — Études d'Animaux et Paysages.

Dix dessins à plusieurs crayons.

LE CAVALIER BERNIN

108 — Projet de campanile pour le Vatican.

— Projet de fontaine.

— Portique Renaissance.

Trois dessins et sépia mélangés d'aquarelle.

BIANCHI ET BENEFIATTI

109 — Sujets religieux.

Huit dessins sépia et plume.
Collection Dimsdale.

A. BLOEMAERT, PINAS ET ÉCOLE ANGLAISE

110 — Paysages.

Six dessins aquarelle et sépia.
Collection de Vries.

BLOEMART ET AUTRES

111 — Adam et Eve dans le Paradis; portraits et sujets.

Onze dessins crayon et encre, un sur vélin, la plupart provenant de la
collection Utterson.

G. BONASONE

112 — Femme debout.

A la sépia et à la plume.

BORDINELLI, PASSAROTI ET AUTRES

113 — Six Études d'Hommes.

A la plume.
(Collection Home).

P. BORDONE

114 — Sujet d'histoire et Étude.

Deux dessins sanguine et sépia.

F. BOUCHER

115 — Homme endormi.

Crayon noir rehaussé de blanc.
(Collection Esdaile.)

S. BOURDON

116 — Sujet classique.

Dessin au crayon noir.

E. BRAMER

117 — Ilustrations de l'Énéide de Virgile.

Recueil in-fol. de 140 dessins à la plume, lavés d'encre de Chine.

E. BRAMER

118 — Iilustrations de l'Histoire romaine de Tite-Live.

Recueil in-fol. de 50 dessins à la plume, lavés d'encre de Chine.

A. BRAUWER

119 — Scène de Buveurs.

Deux dessins plume et crayon.

DE BRAY-HUYGENS ET AUTRES

120 — Paysage à l'aquarelle et à la sépia.

Sept dessins.

BREUGHEL

121 — Sujets divers à la plume et à la sépia.

Six dessins dont deux petits trompe-l'œil à la gouache.

TH. DE BRIE

122 — Halte de soldats

Dessin à la plume et à l'encre bleue.

J. CALLOT

123 — Paysage avec figures.

— Petits sujets religieux.

Cinq dessins à la plume.

CAMPAGNOLA ET ÉCOLE DE CLAUDE LORRAIN

124 — Paysages à la plume.

Sept dessins.

CANALETTI

125 — Vue prise en Italie.

Aquarelle et encre.

CANGIAGE

126 — Trente dessins, plume et sépia.

Collection Somers, Richardson et Reynolds.

ALONZO CANO

127 — Saint Jérôme en prière.

— Porte-étendard.

Deux dessins à la plume portant le monogramme de l'auteur.

D. CANUTI ET AUTRES

128 — Plafond, Sujets religieux, Études.

Trois dessins sépia et sanguine.

G. DA CARPI

129 — Sujets divers.

Deux dessins plume.
(Collection Charles Ier et de Vries.)

J. CARPIONI

130 — Deux Sujets bachiques.

Plume et sépia.
Collection Lestevenon.

A. CAROSI, BOSIRI ET AUTRES

131 — Paysage à la plume, sanguine et sépia.

Sept dessins.

L. A. ET AUGUSTIN CARRACHE

132 — Sujets, Portraits, Études.

Trente-six dessins sépia et crayon.
(Collection Mariette, Lely, Reynolds, Richardson et de Vries.

CASANOVA

133 — Cavalier turc.

Aquarelle.

CASTIGLIONE, VIGNALI

134 — Sujets divers.

Deux dessins crayon noir et plume.
(Collection Dimsdale.)

J. CASTIGLIONE

135 — Sujets, Paysages et Animaux.

Neuf dessins sépia, plume et au pinceau.

LE CAVE (École anglaise)

136 — Sujets variés et Paysages.

Huit aquarelles.

J. CAVEDONE

137 — Portrait d'homme.

A la plume.

CAZENAVE-CHIOSSONE ET MUZZI

138 — Saint Antoine de Padoue. Portrait de Raphaël et autre.

Trois dessins mine de plomb.

G. CELLI ET ÉCOLE ITALIENNE

139 — Sujets divers et Études.

Sept dessins plume et sanguine.

BENVENUTO CELLINI

140 — Sujet d'ornement avec mascarons et dauphins.

Plume et sépia, un dessin.

BARTHOLOMEO CESI

141 — David devant Saül.

Dessin à la plume, sépia rehaussée de blanc.

L. CHERON

142 — Sujets divers.

Deux dessins plume, lavés d'encre.

CHERON (D'après G. DE LAIRESSE)

143 — Bacchanale.

Crayon noir et aquarelle.

EUG. CICERI

144 — Paysage.

Aquarelle.

C. CIGNANI

145 — Sujets religieux et Études.

Cinq dessins plume et sanguine.

(Collection Spencer, Caylus, Richardson.)

CIGOLI ET ÉCOLE DE BOLOGNE

146 — Sujets divers, plafond.

Quatre dessins sépia et crayon.

(Collection Reynolds.)

CIPRIANI

147 — Sujets, Portraits et un fragment d'Éventail.

Quatre dessins à la gouache et au crayon.

A. CNISSENS

148 — Paysage.

À la plume, sur vélin.

J. CONTARINI

149 — Sujet religieux et divers.

Neuf dessins sanguine et plume.

(Collection Esdaile.)

P. DE CORTONE

150 — Tête de jeune Moine.

Au pastel.

LE CORRÉGE

151 — Sujets religieux.

Quatre dessins crayon noir, sanguine et plume.

(Collection Charles Ier et Caylus.)

— Amour tendant son arc.

Dessin au crayon noir, encadré.

— L'Amour et la Comédie.

Dessin au crayon noir, encadré.

P. CORTONE

152 — Sujets divers, religieux, Études.

Treize dessins crayons rouge, noir, sépia.

(Collection Caylus, Lagoy et Huquières.)

J. COURTOIS, DIT LE BOURGUIGNON

153 — Sujets et Batailles.
Neuf dessins à la plume et sépia.
(Collection Udny et de Vries.)

LEO CUGN

154 — Bas-relief.
Dessin à la plume.
(Collection de Vries.)

V. DANTI

155 — Deux Sujets.
A la plume.

L. DAVID

156 — Une Mère et son enfant. (Scène de famille.)
Aquarelle.

J.-L. DAVID

157 — Paysage et Études académiques.
Huit dessins encre et crayon.

DECAMPS

158 — Les Amateurs de tableaux. (Singes.)
Mine de plomb et aquarelle.

GREGORIO DEFARI

159 — Dessin pour plafond.
Au bistre, rehaussé de blanc.

A. DELACROIX

160 — Sujets villageois.

Deux aquarelles capitales.

E. DELACROIX

161 — Turc jouant de la guitare.

Aquarelle.

N. DIAZ

162 — Sujet et Paysage.

Deux cartes de visite à l'aquarelle.

A. DIEPENBECK

163 — Sujet mythologique.

Un dessin à la mine de plomb.

DIETRICH ET SALLAERTS

164 — Quatre Dessins.

Plume et sépia sur la même feuille.

CARLO DOLCI

165 — Académie d'Homme.

A la sanguine.

LE DOMINIQUIN

166 — Scènes religieuses.

— Sujets variés.

— Études.

Vingt-un dessins sanguine, plume et sépia, dont une tête peinte.

R. DUJARDIN

167 — Tête d'Études; Académies.

Quatre dessins crayon noir, rehaussés de blanc.

C. DUSAERT

168 — Moine embrassant une paysanne.

Gouache sur vélin.

ÉCOLE D'ALBERT DURER

169 — Allégorie sur la Mort.

Dessin à la plume et à l'encre, rehaussé d'or.

(Capital.)

ECOLE ALLEMANDE (XVᵉ SIÈCLE)

170 — Gentilhomme portant un faucon.

Dessin à la plume.

ÉCOLE ALLEMANDE

171 — Onze Miniatures historiques et religieuses des XVᵉ et XVIᵉ siècles.

Sur vélin et papier.

172 — Sujets et Portraits.

Cinq dessins à la plume, dont un sur vélin.

ÉCOLE ANGLAISE

173 — Le Marchand de gibier.

— Scène de séduction.

Deux aquarelles non terminées.

ÉCOLE ANGLAISE

174 — Scène à l'intérieur d'un steamer.

Dessin à la sépia.

ÉCOLES ANGLAISE ET FRANÇAISE, MODERNES

175 — Sujets divers, Paysages, Portraits, Aquarelle. Gouache, etc.

Quinze dessins.

ÉCOLE ANGLAISE MODERNE

176 — Lévrier écossais.

Aquarelle portant le monogramme W. H. D.

ÉCOLES FLAMANDE ET AUTRES

177 — Huit Dessins.

Plume, sépia et gouache.

178 — Sujets divers.

Cinq dessins sanguine et sépia.

ÉCOLE FLAMANDE

179 — Jeune Fille allant au marché.

Crayon noir et gouache.

180 — Trois paysages.

Plume.

(Collection lord Somers.)

181 — Sujets divers, costumes.

Sept dessins sépia, sanguine et encre.

ÉCOLE FRANÇAISE

182 — Le Malade. (Scène comique.)

Dessin aux trois crayons.

183 — Sujets divers.

Sept dessins crayon noir, sépia, etc.
(Collection d'Argenville.)

184 — Sujets divers, Paysages.

Six dessins, gouache, sépia et plume.

185 — Recueil de soixante-quinze Costumes de la première République.

Aquarelle.

186 — Danse et Sujet mythologique.

Deux petites aquarelles.

187 — Paysage avec figures.

Aquarelle.

188 — Officier des cent-suisses en grand uniforme.

Miniature et gouache.

ECOLE INDIENNE

189 — Sujets variés et Portraits.

Six miniatures sur vélin.

ÉCOLE ITALIENNE

190 — Portrait d'Homme.

Dessin au crayon noir, rehaussé de blanc, encadré.

ÉCOLE ITALIENNE

191 — Vue prise à Florence.

Dessin à l'encre et à la plume.

192 — Treize Dessins.

Sépia et sanguine.

(Collection Lely.

193 — Deux Sujets religieux.

A la sépia.

194 — Vases, Tombeaux, Portiques, Architecture.

Quinze dessins, gouache, plume, sépia et crayon.

195 — Décoration théâtrale; Sujets divers.

Six dessins plume et sépia.

196 — Sujets et Études.

Huit dessins plume, crayon noir, etc.

(Collection L. Spencer, Lely et Huquières.)

197 — Sujets divers.

Trois dessins sanguine et plume.

ÉCOLE DU POUSSIN

198 — Sujets tirés de la Mythologie.

Deux dessins à la plume, lavés d'encre.

ÉCOLE DE RAPHAEL

199 — Portraits, Sujets religieux et divers.

Douze dessins crayon noir, sanguine et plume.

ÉCOLE DE RUBENS

200 — Apparition du Christ; apothéose religieuse.

Dessin à la sépia, rehaussé de blanc, encadré.

(Capital.)

ÉCOLE DE SIENNE (1595)

201 — Allégorie religieuse avec blason.

Dessin à la plume et à l'encre.

J. ESSELENS ET J. ASSELYN

202 — Paysages avec figures et animaux.

Six dessins plume, lavés d'encre.

(Collection de Vries)

EVERDINGEN

203 — Sept Croquis et Paysages.

Mine de plomb et encre de Chine.

FARINATO

204 — Sujets divers et religieux.

Six dessins plume et sépia.

(Collection Lely et Caylus.)

H. DE LA FARGUE (1772)

205 — Quatorze Costumes du xviiie siècle.

Gouache sur vélin et plume.

FERRI, GALLI

206 — Sujets divers, monuments, etc.

Dix dessins sanguine et encre.

DOMINIQUE FETTI

207 — Christ maltraité.

Dessin à la plume et sanguine noircie rehaussée de blanc.

J. FLAXMANN (ÉCOLE ANGLAISE)

208 — Scène de danse.

Dessin à la plume.

T. FORT

209 — Charge de cavalerie, costumes Louis XIV.

Aquarelle.

DE LA FOSSE (1700)

210 — Grand Paysage avec figures.

Aquarelle.

FRANCESCHINI ET ÉCOLE DE BOLOGNE

211 — Sujets variés.

Quatre dessins à la plume et à la sépia.

FRANCIA

212 — Marine.

A l'aquarelle.

D. GABIANI, P. PACCINI

213 — Sujets divers et religieux.

Cinq dessins plume et encre.

T. GRAINSBOROUGH (ÉCOLE ANGLAISE)

214 — Baigneuses.

— Femme surprise par l'Amour.

Dessin au crayon noir rehaussé et aquarelle.

GENARI SCHILONE ET AUTRES

215 — Onze Dessins à la sanguine, crayon et plume.

(Collection Lestevenon et Devries.)

J. GÉNARICE

216 — Portraits, Sujets religieux, Esquisses peintes sur papier.

Cinq pièces.

P.-L. GHEZZI

217 — Recueil de Portraits et Sujets.

Trente et un dessins à la plume, à l'aquarelle et à la sépia. Vol. in-fol.

J. GHEYN

218 — Sujets et Costumes pour carrousel.

Crayon noir rehaussé de blanc et plume. Huit dessins.

A. GHIZI DE MANTOUE

219 — Sujet historique et religieux.

Dessin à la sépia.

C. GILLOT

220 — Scène de comédie.

Dessin gouaché et sanguine.

GOBAUT

221 — Episodes des guerres d'Afrique.

Deux aquarelles.

GOLTZIUS

222 — Sujets divers.

Trois dessins.

(Collection lord Somers et comte Caylus.)

F. GRIMALDI

223 — Projet de monument funèbre pour Marie de Médicis.

Deux dessins à la plume.

(Collection Lawrence.)

GUARDI

224 — Vue d'un Portique vénitien avec figures.

A la plume et sépia.

GUERCHIN

225 — Portraits, Sujets divers, Paysages.

Cinquante-sept dessins à la plume, sépia et crayon, plus un Recueil de
vingt et une études, modèles, etc.

LE GUIDE

226 — Sujets divers et religieux. Études de tête.

Plume et sépia, crayons noir et rouge.

(Collections du comte Caylus — Hodge — Reynolds — Denon et Charles Iᵉʳ. Vingt-six dessins.

HACKER, VIEHER ET AUTRES

227 — Paysages-Marines.

Sept dessins sépia et encre.

M. HEMSKERCK

228 — Suzanne accusant les deux vieillards.

Dessin à la plume, sépia et encre bleue.
(Collection Lagoy.)

HOBBEMA

229 — Paysage avec rivière.

Dessin à l'encre légèrement teinté d'aquarelle.

HOGARTH

230 — Portraits, Caricatures et Études.

Plume et aquarelle. Quatre dessins.

H. HOGUET

231 — Paysage et Animaux.

Aquarelle.

G. HOLMES

232 — Vues prises au Pérou.

— Au recto : une Vue prise en Italie.

— Et au verso : une Vue du Manoir de Pembro-keshire.

Quatre aquarelles et crayon.

A. INGHELIN ET ROMANO (École moderne)

233 — Pêcheurs et Marines.

Mine de plomb rehaussée de blanc. Trois pièces.

E. ISABEY

234 — Maisons au bord de la mer, avec figures.

Aquarelle capitale.

JORDAENS

235 — Sujets, Portrait.

Cinq dessins à l'aquarelle, aux trois crayons et à la sépia.

ANGÉLICA KAUFFMANN

236 — Deux Sujets mythologiques.

Dessin au crayon noir, à la plume et sépia.

H. KOBELL

237 — Marine.

Dessin à la sépia.

R. LAFAGE

238 — La Chute des Titans.

Dessin à la plume, lavé d'encre sur vélin.

(Collections Esdaile et Somers.)

LAGNEAU

239 — Portrait d'Homme.

Aux trois crayons.

E. LAMI

240 — Colonne de Prisonniers piémontais.

— Colonne de Prisonniers autrichiens.

— Épisode de 1814.

— Bivouac sur les boulevards (juin 1848).

Quatre aquarelles et mine de plomb.

LANCRET, CARMONTELLE ET AUTRES.

241 — Portraits et Croquis.

Crayon noir et sanguine. Vingt et un dessins sur huit feuilles.

J. LANFRANC

242 — Sujets divers et Étude.

Cinq dessins crayons noir, rouge et sépia.

(Collections Reynolds et Richardson.)

LANTARA, LEBAS, BEAUDOIN ET AUTRES

243 — Paysages à plusieurs crayons.

Sept dessins.

E. DE LAUNE

244 — Quatre petits Sujets à la plume, lavés d'encre.

LAWRENCE

245 — Portraits de jeunes Filles et Études.

Cinq dessins, pastel et plume.

LE BRUN ET COYPEL

246 — Sujets divers.

Six dessins, crayons rouge et noir.

(Collections Somers et Astley.)

S. LECLERC

247 — Costumes pour ballets d'opéra.

Vingt et une pièces : aquarelles plume et encre, et deux paysages à la plume.

LEMOINE

248 — Sujets classiques.

Trois dessins plume et crayon.

(Collections Mariette et Lagoy.)

LESMOND ET ÉCOLE HOLLANDAISE

249 — Trois Paysages.

À l'aquarelle et à la plume.

E. LESUEUR

250 — Sujet religieux et Tête d'homme.

Deux dessins grisaille et crayon noir.

(Collections Hudson et Richardson.)

A. LICINIO, C. LOTTI, CASTELLI

251 — Sujets religieux et divers.

Quatre dessins sépia et crayon.

(Collections Caylus et Lély.)

LINGELBACH

252 — Départ pour la chasse.

Dessin à la plume et encre.

P. LIGORIO

253 — Sujets d'histoire.

Deux dessins plume et sépia, rehaussés de blanc.

LINTON (École anglaise)

254 — Sujets grotesques et Paysages.

Vingt-sept dessins à l'aquarelle et à la plume.

LOIRE (Élève de LEBRUN)

255 — Femme supportant un miroir. Motif pour plafond.

Deux dessins à l'aquarelle et sépia.

MELCHIOR LORG

256 — Ferdinand, Charles V et leurs Femmes en dévotion.

Triptyque à la plume.

(Collection Lawrence.)

M. LORCH

257 — Costumes allemands. Sujets divers.

Plume et sépia. Trois dessins.

LORENZO-COSTA, BIBALTA ET AUTRES

258 — Sujets divers.

Cinq dessins encre bleue et sépia.

(Collections Lestevenon, Lawrence, Home et de Vries.)

CLAUDE LE LORRAIN

259 — Dix Paysages.

Bistre et crayon noir.

(Collection L. Spencer.)

LUCAS DE LEYDE

260 — Sujets moyen âge.

Dessin camaïeu rouge rehaussé (capital).

Autre dessin plume et sépia.

JAMES MALTON

261 — Vues de Londres.

— Une Vue d'Italie.

Quatre aquarelles (capitales).

A. MANTEGNA

262 — Portraits, Sujets divers.

Six dessins plume et sépia.

(Collections Richardson et Caylus.)

CARLE MARATTE

263 — Sujets religieux et Études.

Quarante et un dessins à la plume, sépia et sanguine.
Collections d'Argenville, Lély, de Vries, Houldisch.)

A. MARSAUD

264 — Paysages et Sujets.

Deux aquarelles.

A. MASSUCI, POCETTI

265 — Sujets et Études religieuses.

Huit dessins plume et sépia.

RAPHAEL MENGS

266 — Recueil contenant 172 Sujets, Études, Croquis.

A la plume et sépia, crayon noir et sanguine. Vol. in-fol.

MERCURI, Graveur

267 — Sujet de l'histoire des Papes.

Un dessin mine de plomb sur vélin, rehaussé de blanc.

METSON J. (École anglaise)

268 — Paysanne et Animaux, environ d'Edimbourg.

Aquarelle.

W. MEYER

269 — Deux Portraits de personnages anglais.

Aux trois crayons.

G. METZU

270 — Six Portraits.

Au crayon noir et sépia.

MICHEL-ANGE

271 — Sujets, Études.

Huit dessins à la plume et sanguine.

(Collections Lawrence et du comte Caylus.)

A. MIDY

272 — Sujet champêtre.

Aquarelle.

C. MIDY

273 — Jeunes Pêcheurs.

Aquarelle.

J. MIEL

274 — Étude de figures et d'animaux.

Deux dessins au crayon noir.

W. MILLER ET LINTON

275 — Paysages indiens avec figures.

Deux aquarelles.

MOGFORD (École anglaise)

276 — Sujets et Portraits.

Six aquarelles.

P. MOLA

277 — Sujets divers. Études.

Neuf dessins à la sépia et crayon noir.
(Collections Spencer et Talman.)

MONTHELIER

278 — Intérieur d'église.

Aquarelle.

L. MOREAU

279 — Paysage ; Ruines et Baigneuses.

Gouache sur vélin.

R. MORGHEN

**280 — Entrevue de Pie VII avec l'empereur Joseph II.
— Tête de jeune Femme.**

Deux dessins à la plume, sépia et crayon noir.

MORR

281 — Vue d'une Ville.

A la plume et encre bleue.

C. MOORE (ÉCOLE ANGLAISE)

282 — Vue de ville avec figures.

Dessin à la mine de plomb.

CÉLESTIN NANTEUIL, GARNERAY ET GENIOL

283 — Cinq petits Sujets sur carte de visite.

Aquarelle.

— Un Portrait de Mme Grisi.

A la mine de plomb.

PETER NEEFS (1618)

284 — Intérieurs d'église. Sujets religieux, dont un de la collection Lawrence.

Quatre dessins plume et encre.

G. NETSCHER

285 — Portrait d'une jeune Femme de qualité et autre.

Deux dessins sépia et encre de Chine.

NORBLIN

286 — Chocs de cavalerie.

Deux dessins à la plume et à la sépia.

OPIZI

287 — Scène galante; costumes du Directoire.

Aquarelle capitale.

D'ORSCHWILLER

288 — Soldat bourrant sa pipe; costume Louis XIII.

Aquarelle.

A. OSTADE

289 — Sujets et Études, dont une de la collection Esdaile.

Dix dessins à la plume et à l'aquarelle.

J. PALMA

290 — Sujets religieux, Études, Croquis.

Quatre-vingt-neuf dessins plume, sépia, sanguine, etc.
(Collection Caylus.)

PAGANELLI

291 — Études diverses.

Dix dessins sanguine.

R. PANFI

292 — Trois Paysages.

Plume et sépia et encre bleue.

P. PANINI

293 — Vue d'anciens monuments : Portique, Plafonds, ar_
chitecture et ornements.

Onze dessins, aquarelle, plume et sépia.

PARMESAN

294 — Sujets divers, religieux, ornements, etc.

Trente-cinq dessins à la plume, sépia et sanguine.
(Collections Charles Ier, Reynolds, Lord Somers.)

PARROCEL

295 — Neuf Études.

Aux trois crayons.

G. PASSARI

296 — Sujets divers.

Six dessins crayon et plume.

(Collections Udson — Richardson et Talman.)

J. PASSI

297 — Sujets et Animaux.

Quatre dessins à la plume dont un sur baudruche.

PAZZI, CAPUCINO ET AUTRES

298 — Sujets religieux, Études.

Sept dessins plume et crayon.

L. PELLETIER (ÉCOLE MODERNE

299 — Paysage avec figures.

Sépia.

PENNI ET ECOLE DE FLORENCE

300 — Sujets divers; Statue de femme.

Quatre dessins sépia rehaussés de blanc.

S. PESSARO ET AUTRES

301 — Sujets divers; Études.

Trois dessins sanguine et sépia.

J. PILLEMENT

302 — Ornements rocailles et Paysages.

Quatre dessins crayon noir et sanguine.

PINACKER

303 — Paysage, Étude d'arbres.

Quatre dessins sanguine et sépia.

PINTURINI-FRANCIA

304 — Sujets divers.

Cinq dessins plume et sépia.

D. PIOLA

305 — Sujets divers.

Neuf dessins à la sépia.

S. DEL PIOMBO

306 — Sujets et Études.

Crayon, plume et sépia. Sept pièces.

PIRANESI

307 — Vues d'Italie, etc., Architecture.

Six dessins à l'aquarelle et à la plume.

POLIDORE DE CARAVAGE

308 — Sujets divers et Étude.

Plume, sépia, pinceau et sanguine.

Treize dessins, dont un de la collection de Charles Ier.

POELENBURG

309 — Trois Paysages avec figures.

Sanguine et encre de Chine.

HANS POLS

310 — Deux Paysages.

A la plume.

POMACHINI, ET ÉCOLE ITALIENNE

311 — Sept Dessins.

Sépia et sanguine.

PAUL POTTER ET KONING

312 — Animaux et Portraits.

Six dessins crayon et plume.

N. POUSSIN

313 — Paysages et Sujets.

Huit dessins à la plume, sépia et sanguine.

LE PRINCE, PARMENTIER

314 — Sujets divers.

Deux dessins à la plume. et sépia.

PRUNATI, M. PRETI

315 — Sujets religieux.

Quatre dessins sanguine et sép a.

(Collections Lord Somers — Caylus — Richardson.

PRIMATICE ET AUTRES

316 — Tête de Vieille. Sujets tirés de la mythologie.

Cinq dessins plume, sépia et crayon noir.

(Collection Huquières.)

LE PUJET

317 — Vue d'une Ville avec rivière et barques.

Dessin à la plume.

PETER QUAST

318 — Scène de Buveurs, Sujets divers.

Mine de plomb et encre de Chine, sur vélin. Trois dessins.

A. RADEMAKER

319 — Scènes d'intérieur.

— Paysages.

Cinq dessins. Sépia et aquarelle.

RAPHAEL

320 — Saint Georges terrassant le dragon.

Dessin à la plume (capital), des collections Charles Ier, Esdaile et Udny.

REMBRANDT

321 — Sujets divers, Portraits, Paysages.

Soixante dessins à la plume et à la sépia, la plupart provenant des collections Reynolds,

—   T. Lawrence,

—   Esdaile,

—   Utterson.

Cette Collection remarquable sera exposée spécialement dans un carton.

REYNOLDS

322 — Portraits, Études, Croquis.

Vingt-sept dessins à plusieurs crayons.

J. RIBERA

323 — Sujets religieux, Portraits.

Plume, sépia et sanguine. Vingt et un dessins.

RIBERA

324 — Portrait, Sujets religieux et divers.

A la plume, sépia et trois crayons. 16 dessins.

M. RICCI

325 — Paysage et Sujets divers.

A la sépia et crayon noir. Trois dessins.
(Collection du comte de Caylus.)

SÉBASTIEN RICCI

326 — Sujets religieux et divers.

Trois dessins plume et sépia, rehaussés de blanc.
(Collection de Vries.)

F. RICCIO

327 — Charge de cavalerie.

Dessin à la plume.
(Collection de Vries.)

C. RIDOLFI ET AUTRES

328 — Sujets divers et religieux.

Six dessins sépia et encre.

(Collection de Vries et Astley.)

JULES ROMAIN

329 — Marche triomphale d'un empereur.

Dessin à la sépia, rehaussé de blanc, encadré.

(Capital.)

JULES ROMAIN

330 — Combat de cavaliers.

Dessin sépia et plume.

JULES ROMAIN

331 — Sujets divers, Ornements.

Onze dessins plume et sépia, crayon noir.

(Deux proviennent de la collection Charles Ier.)

ROMANELLI

332 — Sujets divers et religieux.

Sépia, crayon noir, sanguine et aquarelle. Huit dessins.

VENTAGLIO ROMANO

333 — Scène mythologique.

A la gouache sur vélin. Eventail.

C. RONCALI

334 — Sujet symbolique sur la mort.

Plume et sépia, et encre bleue. Un dessin.

ROSE DE TIVOLI

335 — Paysans et Animaux.

Trois dessins crayon noir, sépia, rehaussés de blanc.

ROSSI, P. LUPPI

336 — Diane chasseresse, Études religieuses.

Huit dessins sépia et encre.

(Collection lord Somers.)

ROSSI

337 — Deux Bas-reliefs.

Plume et sépia.

(Collection Lestévenon.)

P. ROTINI ET AUTRES

338 — Sujets religieux.

Six dessins sépia.

(Collection Caylus.)

ROWLANDSON (ÉCOLE ANGLAISE)

339 — Scène de débarquement, quantité de figures.

Aquarelle capitale.

RUBENS

340 — Portrait, Sujets, Études.

Vingt dessins aux trois crayons et plume.

(Collection Home.)

SAFTLEVEN

341 — Paysage, Études.

A l'aquarelle, plume et encre. Six dessins.

(Collection Esdaile.)

ANDRÉA SACCI

342 — Portraits. Etudes académiques.

Sanguine et crayon noir. Sept dessins.

(Collection Reynolds, Home, Huden, Esdaile.)

J. SADENER

343 — Trois Paysages.

Sépia et encre bleue.

G. DE SAINT-AUBIN

344 — Allégorie.

Dessin à l'encre de Chine.

SALVATOR ROSA

345 — Sujets d'histoire. Allégorie. Paysages. Etudes de soldat.

Quinze dessins à la plume, lavés d'encre, rehaussés de blanc.

(Un de la collection Thane.)

SALVIATI

346 — Sujets divers.

Encre et sepia, sanguine, rehaussés. Dix-sept dessins.

SANTI TITI

347 — Deux Sujets religieux.

Plume, sépia, rehaussées de blanc.

SANTYAGO ET ECOLE ITALIENNE

348 — Sujets divers.

Six dessins sépia et plume.

(Collection Devries.)

ANDRÉ DEL SARTE

349 — Portraits. Sujets religieux. Études.

Dix dessins aux trois crayons, sanguine et plume.

(Deux provenant des collections Reynolds, Udny, L. Somers.)

ANDRÉ DEL SARTE ET AUTRES

350 — Étude de Religieux en prières.

Cinq dessins aux trois crayons.

SASSO-FERRATO

351 — Deux Sujets religieux.

A la sépia.

SAVIGNAC

352 — Naufrage près d'une côte, avec figures.

Gouache sur vélin.

L. SCALZIO

353 — Sainte Marguerite.

Dessin encre de Chine sur vélin.

C. SCHULL-RUISBRAECHT ET AUTRES

354 — Sujets divers et religieux.

Quatre dessins à la sépia.

GÉRARD SEGUIN

355 — Offrande à l'Amour.

Dessin aux trois crayons.

E. SERANI

356 — La Vierge et l'Enfant.

Dessin à la plume, rehaussé d'or.

(Collection Devries et Lestevenon.)

J. SERRES

357 — Vues des Côtes d'Italie.

Quatre aquarelles.

C. SHILLITO (École anglaise)

358 — Deux Sujets.

À la plume et à l'aquarelle.

SOLIMÈNE

359 — Sujets divers et religieux.

Trois dessins à la plume et sépia.

SOUTMAN

360 — L'Empereur Maximilien d'Autriche et sa Femme.

Deux dessins aux trois crayons. (Ils sont gravés.)

J. STELLA

361 — Sujets religieux et mythologiques.
Quatre dessins à la plume et sépia.
(Collection Mariette.)

STOOP

362 — Étude de chiens, à la sanguine.
Deux dessins.

B. SPRANGER

363 — Sujets mythologiques et d'histoire sainte.
A la plume et sépia, rehaussés. Cinq dessins.

A. TEMPESTA

364 — Batailles.
Neuf dessins à la plume, lavés de sépia.

D. TEMPESTA

365 — Portrait d'Homme.
Sur vélin, à la mine de plomb.

P. TESTA

366 — Sujets religieux et divers. Études.
Neuf dessins plume et crayon noir.
(Collection Richardson.)

LE TINTORET

367 — Sujets divers et religieux.

Etudes académiques au crayon noir, sanguine; plume et sépia. Vingt-six dessins.

(Collections Lestevenon, lord Somers, Richardson et Reynolds.)

TITIEN

368 — Sujets variés. Paysages.

Quinze dessins plume, sanguine et sépia.

(Collection Vallardi et du comte de Caylus.)

TREVISANI ET AUTRES

369 — Portrait. Sujets divers.

Quatre dessins crayon noir, rouge et sépia.

(Collection Dimsdale.)

DE TROY, BOUCHER, LE BAS ET CHATELAIN

370 — Sujets divers. Portraits. Paysages.

Onze dessins à plusieurs crayons et aquarelle.

TURNER (ÉCOLE ANGLAISE)

371 — Paysages et Vues de villes. Études.

Trente-cinq dessins à l'aquarelle, mine de plomb et crayon noir.

G. DE UDINE

372 — Études d'animaux peints pour les loges du Vatican.

Plafond, ornement à la plume et sépia. Huit dessins.

(Collection Mariette et Devries.)

P. DEL VAGA

373 — Plafonds, Ornements, Coupe, Flambeaux et Sujets.

Vingt-six dessins plume, sépia et encre.

(Collection T. Lavrence, Reynolds et Clive.)

H. VALENCIENNES

374 — Paysage montagneux.

Dessin encre de Chine, légèrement teinté d'aquarelle

VASARI

375 — Sujets divers. Étude.

Sept dessins plume et sépia.

VASARI

376 — Costumes pour opéra.

Plume et aquarelle.

VAN DER KABEL

377 — Paysage.

A la plume et à la sépia.

VAN GOYEN

378 — Paysages.

Cinq dessins au crayon et à l'encre.

VAN NOORDEN

379 — Paysage avec animaux.

Sépia et encre de Chine.

VAN RYCK

380 — Scènes d'intérieur.

Quatre petits dessins à la sépia.

(Collections Lestevenon, Uterson et de Vries.)

J. VAN STRY

381 — Animaux dans la campagne.

Aquarelle.

A. VAN DE VELDE

382 — Paysages et Animaux.

A la plume, lavé d'encre de Chine. Deux dessins.

G. VAN DE VELDE

383 — Marines. Etudes.

Trois dessins sépia et encre de Chine.

VÉLASQUEZ

384 — Deux Portraits et un Sujet.

Pinceau, crayon et plume.

VENTAGLIO, CAPUTI

385 — Fragment d'éventail et Gladiateur.

Deux dessins sur vélin à la plume.

L. VERARDI

386 — Intérieurs d'église, Vues prises en Italie.

Huit aquarelles. Vue de Rouen, Tombeau de Verardi, à la mine de plomb. En tout dix pièces.

VERKOLYE

387 — Scènes d'intérieur.

Quatre dessins plume lavée d'encre et crayon noir.

HORACE VERNET

388 — Cartes de visite, Sujets, Paysages avec figures et animaux.

Quatre aquarelles précieuses.

PAUL VÉRONÈSE

389 — Portraits, Sujets et Études.

Sept dessins à la plume, au crayon et au pastel.

VIEUXTEMPS

390 — Portrait de Mme G. Grisi dans la Sémiramide.

Dessin à la mine de plomb.

LÉONARD DE VINCI

391 — Portrait, Paysage, Étude.

A la plume et sanguine. Quatre dessins, dont un de la collection Dovries.

DE VOLTERRE, BANCHERI ET AUTRES

392 — Études à la sanguine et crayon noir.

Cinq dessins.

MARTIN DE VOS

393 — Sujets variés.

Vingt dessins plume et encre.

SIMON VOUET

394 — Étude de têtes, peinte sur papier.

Une pièce.

J. WALKER (École anglaise)

395 — Enfants gardant des chevaux. Portrait de vieille femme.

Deux dessins à la plume mêlés d'aquarelle.

J. WEBER

396 — Paysage avec animaux.

Un dessin à l'encre de Chine.

D. WILKIE (École anglaise)

397 — Portraits d'homme et de femme. Deux Sujets.

Quatre aquarelles et mine de plomb.

DE WITT

398 — Sujets divers et Études.

Six dessins à plusieurs crayons et à l'encre.

WOUWERMANS, STRADANUS ET AUTRES

399 — Batailles, Chasses.

Cinq dessins sépia et crayon noir.

W. WYLD

400 — Vue d'une ville.

Aquarelle.

A. ZANCHI

401 — Un Festin.

Dessin à la plume sur papier teinté.

(Collections lord Somers et Home.)

ZUCARELLI

402 — Paysage avec figures.

Deux dessins sépia et encre bleue.

ZUCCHERO

403 — Plafond, Statue, Sujets divers.

Treize dessins, sépia et sanguine.

(Collection Reynolds.)

ZUCCHI (École italienne)

404 — Vue d'un Portique romain, Vue du Temple de Pestum.

Deux peintures à la colle gouachée et un dessin à l'encre. Trois pièces.

405 — Sous ce numéro seront vendus environ 400 Dessins anciens et modernes.

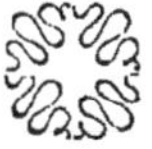

TABLEAUX

GREUZE

1 — Portrait d'homme, vu à mi-corps.

MIREVELT

2 — Portrait de Femme tenant une branche d'oranger.

Superbe Portrait.

GIORGIONE

3 — Jeune Homme jouant de la flûte.

ROSE DE TIVOLI

4 — Plusieurs Têtes de Béliers et Moutons.

Belles Études.

ÉCOLE ITALIENNE

5 — Portrait de Picino. Peint sur panneau.

6 — Sainte Thérèse en prière. Tableau sur panneau.

7 — Petit Paysage avec rivière. Peint sur panneau.

ÉCOLE DE RAPHAEL

8 — La Vierge et l'Enfant Jésus. Petit Tableau peint sur panneau.

ÉCOLE ITALIENNE

9 — La Danaé.

10 — L'Abondance.

11 — Sujet allégorique.

12 — Sainte Famille. Petit Tableau.

13 — La Vierge et l'Enfant Jésus. Peint sur panneau.

ÉCOLE DU VÉRONÈSE

14 — Sujet religieux, plusieurs figures.

ÉCOLE ITALIENNE

15 — Sainte Famille. Sur panneau.

16 — Scène de Sabbat.

17 — Conversation de Soldats.

18 — Sujet tiré de la mythologie. Sur cuivre.

FIRENZA
(ÉCOLE MODERNE)

19 — Portrait du Dante.

STEPHANY
(ÉCOLE MODERNE)

20 — Vue de Caprera, île de Sardaigne; à gauche, on voit Garibaldi blessé.

21 — Sous ce numéro, quelques Tableaux des Écoles flamande, française et italienne.

RENOU et MAULDE, imprimeurs de la Compagnie des Commissaires-Priseurs, rue de Rivoli, 144.   4826